Moins dépenser avec le zéro déchet

Un Mode de Vie Écologique pour Économiser au Quotidien

Jeanne Le Dantec

Introduction

Nous vivons à une époque où la consommation est omniprésente dans nos vies. Chaque jour, nous sommes bombardés par des publicités nous incitant à acheter toujours plus, à posséder toujours mieux. Et pourtant, au milieu de cette frénésie de consommation, émerge un mouvement silencieux mais puissant : le zéro déchet.

Le zéro déchet, c'est bien plus qu'une simple tendance éphémère. C'est une philosophie de vie qui nous invite à repenser notre rapport aux objets, aux ressources naturelles et à notre propre mode de vie. C'est une démarche qui prône la réduction drastique de nos déchets, tout en favorisant le recyclage, la réutilisation, et la consommation responsable. Mais ce n'est pas tout. Le zéro déchet, c'est aussi une véritable source d'économies.

Dans ce livre, nous explorerons ensemble les innombrables façons dont le zéro déchet peut vous aider à dépenser moins tout en vivant de manière plus respectueuse de l'environnement. Vous découvrirez des astuces pratiques pour réduire vos déchets au quotidien, économiser sur vos factures, et contribuer à la préservation de notre planète. Que vous soyez novice en la matière ou que vous souhaitiez approfondir vos connaissances, ce guide vous accompagnera pas à pas dans votre démarche vers un mode de vie plus durable.

Au fil des pages, vous apprendrez comment réduire le gaspillage alimentaire, adopter des alternatives zéro déchet dans la salle de bains, économiser sur la lessive, et bien plus encore. Nous explorerons également les avantages financiers du zéro déchet, comment il peut s'intégrer harmonieusement dans votre quotidien, et comment il peut même renforcer vos liens familiaux.

Préparez-vous à découvrir un monde où moins signifie plus, où chaque geste compte, et où vivre en harmonie avec la nature peut également alléger votre portefeuille. Bienvenue dans le monde du zéro déchet et des économies écologiques. Il est temps de commencer ce voyage vers un mode de vie plus responsable et plus économique.

Alors, êtes-vous prêt(e) à explorer les merveilles du zéro déchet et à réduire vos dépenses tout en sauvant la planète ? Suivez-moi à travers les pages de ce livre, et ensemble, nous découvrirons le pouvoir de "Moins dépenser avec le zéro déchet".

Chapitre 1 : Les Fondements du Zéro Déchet

Le zéro déchet, une philosophie de vie qui a émergé au cours des dernières décennies, est bien plus qu'une simple tendance à la mode. Il incarne un changement fondamental dans notre manière de voir la consommation, les déchets et notre responsabilité envers la planète. Dans ce premier chapitre, nous plongerons profondément dans les fondements du zéro déchet, en comprenant son concept, son impact environnemental et les raisons impérieuses qui poussent de plus en plus de personnes à adopter cette approche novatrice de la vie.

Explication du concept de zéro déchet

Le concept de zéro déchet repose sur une idée simple mais révolutionnaire : réduire au maximum la quantité de déchets que nous générons, voire tendre vers zéro. Cela signifie repenser notre mode de vie pour minimiser l'utilisation de produits à usage unique, privilégier la réutilisation et le recyclage, et faire des choix conscients lors de nos achats. Il s'agit d'un changement radical par rapport à la culture de la société de consommation, où l'accumulation de biens matériels et la production de déchets sont souvent considérées comme des indicateurs de succès.

Le zéro déchet nous invite à adopter un mode de vie axé sur la simplicité et la durabilité. Cela implique de faire preuve de créativité pour trouver des alternatives aux produits jetables, de choisir des matériaux et des produits durables, et de repenser notre relation avec les objets que nous possédons. Le but ultime est de réduire notre empreinte écologique en minimisant la quantité de déchets envoyée dans les décharges et incinérateurs, tout en contribuant à la préservation des ressources naturelles.

L'impact environnemental des déchets

Comprendre l'impact environnemental des déchets est essentiel pour saisir l'importance du zéro déchet. Chaque déchet que nous produisons a un coût écologique. La fabrication, l'emballage, le transport et la mise en décharge de produits génèrent des émissions de gaz à effet de serre, épuisent les ressources naturelles et polluent notre air, notre eau et notre sol. Les déchets plastiques, en particulier, ont un impact dévastateur sur les écosystèmes marins, la faune et la santé humaine.

Le zéro déchet vise à atténuer cet impact en réduisant la production de déchets à la source. En limitant la consommation de produits emballés excessivement et en favorisant des options de reconditionnement ou de recyclage, nous pouvons contribuer de manière significative à la préservation de la biodiversité et à la lutte contre le changement climatique.

Pourquoi adopter le zéro déchet

Enfin, la question se pose : pourquoi devrions-nous adopter le zéro déchet ? Outre la réduction de notre empreinte environnementale, le zéro déchet offre une multitude d'avantages. Il permet de réaliser des économies financières considérables en réduisant les dépenses liées à l'achat de produits jetables et à la gestion des déchets. De plus, il encourage un mode de vie plus simple et moins axé sur la possession matérielle, ce qui peut conduire à une plus grande satisfaction personnelle.

Adopter le zéro déchet signifie également rejoindre une communauté mondiale de personnes partageant les mêmes valeurs, prêtes à offrir un soutien, des conseils et des ressources pour faciliter la transition vers un mode de vie plus durable. En fin de compte, le zéro déchet n'est pas seulement un choix individuel, c'est une contribution collective à la création d'un avenir plus sain pour notre planète et les générations futures.

Ce chapitre initial nous plonge dans le monde du zéro déchet en éclairant ses principes fondamentaux, en examinant son impact sur l'environnement et en expliquant pourquoi tant de personnes choisissent de l'adopter. Nous sommes désormais prêts à explorer les nombreuses façons dont le zéro déchet peut nous aider à réduire nos dépenses tout en vivant de manière plus respectueuse de l'environnement.

Chapitre 2 : Réduire les Déchets Alimentaires

Dans ce chapitre, nous plongeons dans l'art de réduire les déchets alimentaires, une étape essentielle vers un mode de vie zéro déchet. Découvrez comment adopter des pratiques simples mais efficaces pour minimiser le gaspillage alimentaire, économiser en cuisinant à la maison, et exploiter la puissance du compostage pour alléger votre empreinte écologique et votre budget.

Astuces pour réduire le gaspillage alimentaire

Réduire le gaspillage alimentaire commence par la prise de conscience de vos habitudes alimentaires. Voici quelques astuces pratiques pour minimiser le gaspillage :

1. **Planifiez vos repas** : En planifiant vos repas à l'avance, vous pouvez acheter uniquement ce dont vous avez besoin, évitant ainsi les achats impulsifs et la surproduction alimentaire.
2. **Conservez correctement les aliments** : Apprenez à stocker vos aliments de manière appropriée pour prolonger leur durée de vie. Les contenants hermétiques, les sacs de congélation et les emballages réutilisables sont vos alliés.

3. **Interprétez les dates de péremption** : Comprenez la différence entre la date de péremption et la date limite de consommation. Ne jetez pas automatiquement les aliments dont la date est dépassée ; utilisez votre jugement pour déterminer leur fraîcheur.
4. **Transformez les restes** : Au lieu de jeter les restes, réinventez-les. Les restes de légumes peuvent devenir une soupe, les restes de riz un délicieux plat sauté, et les restes de viande des garnitures pour des salades ou des sandwichs.
5. **Utilisez tout** : Explorez des recettes qui utilisent toutes les parties des aliments, y compris les tiges, les épluchures et les parties moins conventionnelles. Par exemple, les épluchures de pommes de terre peuvent être rôties pour créer des croustilles saines.

Économies réalisées en cuisinant à la maison

La cuisine maison est une clé majeure pour réaliser des économies substantielles tout en ayant un meilleur contrôle sur votre alimentation. Voici comment économiser en cuisinant à la maison :

1. **Achetez en vrac** : Lorsque c'est possible, achetez des ingrédients en vrac pour réduire les emballages inutiles et économiser de l'argent.

2. **Utilisez des ingrédients de base** : Les produits de base tels que les légumes secs, les céréales, les pâtes et les légumes frais sont souvent moins chers que les aliments transformés.
3. **Planifiez des repas économiques** : Élaborez des menus qui maximisent l'utilisation d'ingrédients communs pour minimiser le gaspillage et les dépenses.
4. **Cuisinez à partir de zéro** : Préparer vos repas à partir de zéro vous permet de contrôler la qualité des ingrédients et d'économiser sur les plats préparés.
5. **Réduisez les déchets d'emballage** : Optez pour des produits en vrac ou avec un emballage minimal pour réduire les déchets.

Composter pour économiser

Le compostage est une stratégie souvent sous-estimée pour réduire les déchets et réaliser des économies à long terme. Voici comment vous pouvez économiser en compostant :

1. **Comprenez les bases du compostage** : Apprenez les principes de base du compostage, notamment ce qui peut être composté (comme les épluchures, les restes de fruits et de légumes, les feuilles mortes) et

ce qui ne peut pas l'être (comme les produits laitiers et la viande).

2. **Choisissez le bon composteur** : Explorez les différents types de composteurs disponibles, des bacs de compostage en extérieur aux systèmes de compostage en intérieur, et choisissez celui qui convient le mieux à votre espace et à vos besoins.

3. **Démarrer votre propre système de compostage** : Suivez les étapes pour démarrer votre propre système de compostage à la maison, de la création de couches de matière verte et brune à la gestion des déchets de manière appropriée.

En adoptant ces pratiques, vous découvrez que chaque ingrédient a le potentiel de devenir une délicieuse création culinaire, et vous réduisez ainsi votre empreinte environnementale tout en économisant de l'argent. La réduction des déchets alimentaires peut être à la fois une démarche écologique et une expérience culinaire passionnante.

Chapitre 3 : Économiser avec le Zéro Déchet dans la Salle de Bains

Dans ce chapitre, nous explorerons les moyens de réduire les coûts liés à l'hygiène personnelle et aux produits de soins tout en adoptant une approche zéro déchet dans la salle de bains. Vous découvrirez des alternatives durables aux produits de soins personnels courants et des astuces pour réduire vos dépenses tout en prenant soin de vous et de la planète.

Alternatives zéro déchet aux produits de soins personnels

La salle de bains est souvent remplie de produits à usage unique et d'emballages plastiques. Pour réduire les déchets et économiser de l'argent, nous vous présenterons des alternatives zéro déchet aux produits de soins personnels traditionnels :

1. **Savon solide** : Remplacez les gels douche en bouteille par du savon solide, qui dure plus longtemps et génère moins de déchets d'emballage.

2. **Shampoing solide** : Optez pour des shampoings solides, une alternative durable aux shampoings liquides en bouteille.
3. **Brosse à dents en bambou** : Abandonnez les brosses à dents en plastique pour des brosses à dents en bambou biodégradables.
4. **Coton réutilisable** : Utilisez des cotons réutilisables pour le démaquillage au lieu des cotons jetables.
5. **Rasoir de sécurité** : Privilégiez un rasoir de sécurité en métal avec des lames remplaçables plutôt que les rasoirs jetables en plastique.
6. **Déodorant solide** : Testez les déodorants solides pour éviter les aérosols et les emballages en plastique.

Réduire les coûts des produits d'hygiène

En plus d'adopter des alternatives zéro déchet, nous vous montrerons comment réduire les coûts liés aux produits d'hygiène personnelle :

1. **Fabrication maison** : Apprenez à préparer vous-même certains produits, tels que le dentifrice ou les produits de nettoyage, en utilisant des ingrédients simples et abordables.
2. **Achats en vrac** : Achetez des produits d'hygiène en vrac lorsque c'est possible pour réduire les emballages et les coûts.

3. **Programme de recyclage** : Recherchez les programmes de recyclage des produits de beauté, où vous pouvez rapporter vos contenants vides pour des réductions ou des produits gratuits.
4. **Réutilisation des contenants** : Réutilisez les contenants en verre ou en plastique pour stocker des produits faits maison ou des articles en vrac.

En adoptant ces approches, vous découvrez comment réduire vos dépenses dans la salle de bains tout en contribuant à la réduction des déchets plastiques et à la protection de l'environnement. Ce chapitre vous guide à travers les étapes pratiques pour une salle de bains zéro déchet, où l'économie et la durabilité vont de pair.

Chapitre 4 : La Magie du Zéro Déchet dans la Buanderie

Dans ce chapitre, nous explorerons comment transformer votre routine de blanchisserie en une démarche écologique et économique grâce au zéro déchet. Vous découvrirez des astuces pour une lessive respectueuse de l'environnement et des moyens de réduire les coûts associés aux produits de blanchisserie.

Astuces pour une lessive écologique et économique

La lessive peut générer une quantité considérable de déchets, de produits chimiques nocifs et de dépenses inutiles. Voici quelques astuces pour une lessive écologique et économique :

1. **Utilisez des produits naturels** : Optez pour des détergents à lessive naturels, sans produits chimiques agressifs, qui sont plus doux pour l'environnement et votre peau.
2. **Réduisez la quantité de détergent** : Vous n'avez souvent pas besoin de la quantité recommandée sur l'emballage. Utilisez moins de détergent pour économiser et éviter la surutilisation.

3. **Lavez à l'eau froide** : Utilisez de l'eau froide autant que possible, car cela réduit la consommation d'énergie nécessaire pour chauffer l'eau.
4. **Séchez à l'air libre** : Économisez de l'énergie en suspendant vos vêtements pour les faire sécher à l'air libre au lieu d'utiliser un sèche-linge.
5. **Utilisez des balles de séchage réutilisables** : Au lieu d'utiliser des feuilles assouplissantes à usage unique, optez pour des balles de séchage réutilisables en laine d'agneau.

Économiser sur les produits de blanchisserie

Réduire les coûts liés aux produits de blanchisserie est une étape importante dans votre parcours zéro déchet. Voici comment économiser :

1. **Fabriquez votre propre détergent** : Apprenez à préparer votre détergent à lessive fait maison à partir d'ingrédients simples comme le savon de Marseille et le bicarbonate de soude.
2. **Utilisez des boules de lavage** : Les boules de lavage réutilisables peuvent remplacer l'adoucissant et réduire le temps de séchage.
3. **Achetez en vrac** : Recherchez des détergents à lessive en vrac ou des recharges pour réduire les emballages.

4. **Faites durer vos vêtements** : Prenez soin de vos vêtements en suivant les instructions de lavage et de séchage pour les faire durer plus longtemps, ce qui réduit la fréquence d'achat.

5. **Réutilisez les contenants** : Réutilisez les contenants de produits de blanchisserie pour stocker d'autres produits ménagers ou articles en vrac.

En adoptant ces pratiques, vous pouvez réduire vos dépenses liées à la buanderie tout en contribuant à la préservation de l'environnement. Ce chapitre vous guide dans l'optimisation de votre routine de blanchisserie pour un mode de vie zéro déchet.

Chapitre 5 : Le Zéro Déchet dans la Maison

Dans ce chapitre, nous explorons comment appliquer les principes du zéro déchet dans l'ensemble de votre maison pour réduire les déchets ménagers et économiser de l'argent. Vous découvrirez des stratégies d'organisation pour minimiser les déchets et des moyens de réaliser des économies grâce à la réduction des produits jetables.

Organisation pour réduire les déchets ménagers

La réduction des déchets à la maison commence par une organisation efficace. Voici quelques astuces pour vous aider à minimiser les déchets :

1. **Mise en place de stations de tri des déchets** : Créez des stations de tri des déchets bien organisées pour le recyclage, le compostage et les déchets résiduels.
2. **Adoption de contenants réutilisables** : Utilisez des contenants réutilisables pour stocker les aliments, les restes, les produits ménagers et d'autres articles, au lieu de sacs plastiques ou d'emballages jetables.
3. **Achats en vrac** : Optez pour les produits en vrac chaque fois que cela est possible, en

utilisant vos propres contenants réutilisables pour éviter les emballages superflus.

4. **Réduisez les produits jetables** : Éliminez progressivement les produits jetables de votre maison en les remplaçant par des alternatives réutilisables, comme les lingettes lavables au lieu des lingettes jetables.

5. **Adoptez le minimalisme** : Réduisez la surconsommation en pratiquant le minimalisme, en ne gardant que ce qui est essentiel et en évitant l'accumulation de biens inutiles.

Économies grâce à la réduction des produits jetables

La réduction des produits jetables peut également entraîner des économies substantielles. Voici comment :

1. **Utilisation de sacs réutilisables** : Optez pour des sacs réutilisables au lieu de sacs plastiques à usage unique lorsque vous faites des achats, ce qui réduit les dépenses et les déchets.

2. **Préparation des repas à emporter** : Évitez les plats à emporter et les repas préparés jetables en préparant vos repas à la maison et en utilisant des contenants réutilisables pour les transporter.

3. **Utilisation de bouteilles d'eau réutilisables** : Investissez dans une bouteille d'eau réutilisable pour réduire les dépenses liées à l'achat de bouteilles d'eau en plastique.
4. **Utilisation de serviettes en tissu** : Privilégiez les serviettes en tissu au lieu des serviettes en papier jetables pour économiser de l'argent à long terme.
5. **Entretien des produits réutilisables** : Prenez soin de vos produits réutilisables, tels que les couches lavables ou les mouchoirs en tissu, pour prolonger leur durée de vie et économiser sur les coûts à long terme.

En appliquant ces stratégies d'organisation et de réduction des produits jetables dans l'ensemble de votre maison, vous serez en mesure de réduire vos déchets ménagers et de réaliser des économies significatives tout en adoptant un mode de vie plus respectueux de l'environnement. Ce chapitre vous guide pour créer un environnement domestique zéro déchet et économique.

Chapitre 6 : Le Zéro Déchet en Mobilité

Dans ce chapitre, nous aborderons comment appliquer les principes du zéro déchet à votre mobilité quotidienne. Vous découvrirez des options de transport éco-responsables et des moyens de réduire les dépenses liées aux déplacements tout en réduisant votre impact sur l'environnement.

Options de transport éco-responsables

Adopter des options de transport éco-responsables est essentiel pour réduire votre empreinte environnementale. Voici quelques alternatives pour réduire votre impact tout en vous déplaçant :

1. **Marche et vélo** : Optez pour la marche ou le vélo pour les déplacements courts. C'est non seulement écologique, mais aussi bon pour votre santé.

2. **Transports en commun** : Utilisez les transports en commun tels que le bus, le tramway ou le métro chaque fois que possible pour réduire l'utilisation de véhicules individuels.

3. **Covoiturage** : Partagez vos trajets avec d'autres personnes en utilisant des services de

covoiturage pour réduire le nombre de voitures sur la route.

4. **Véhicules électriques** : Si vous avez besoin d'une voiture, envisagez d'acheter un véhicule électrique ou hybride pour réduire les émissions de gaz à effet de serre.
5. **Auto-partage** : Utilisez des services d'auto-partage pour accéder à une voiture uniquement lorsque nécessaire, réduisant ainsi les coûts de possession et d'entretien.

Réduire les dépenses liées aux transports

Réduire les dépenses liées aux transports tout en adoptant une approche zéro déchet est également possible. Voici comment :

1. **Planification des trajets** : Planifiez vos déplacements à l'avance pour minimiser les kilomètres parcourus et économiser du carburant.
2. **Entretien régulier du véhicule** : Si vous avez une voiture, assurez-vous de l'entretenir régulièrement pour optimiser son efficacité énergétique.
3. **Conduite éco-responsable** : Adoptez une conduite douce et économe en carburant en évitant les accélérations brusques et les freinages brusques.

4. **Regroupement des courses** : Organisez vos courses et déplacements pour regrouper plusieurs activités en une seule sortie, réduisant ainsi la nécessité de conduire fréquemment.

5. **Participation au covoiturage** : Si vous devez utiliser votre propre véhicule, envisagez de partager les trajets avec d'autres personnes pour réduire les coûts de carburant et d'entretien.

Dans ce chapitre, nous avons exploré les moyens de mettre en pratique les principes du zéro déchet dans votre mobilité quotidienne. Vous avez découvert des alternatives éco-responsables pour vous déplacer tout en réduisant votre impact environnemental. De plus, nous avons abordé des stratégies pour réduire les dépenses liées aux transports, ce qui peut contribuer à la fois à la préservation de l'environnement et à l'allégement de votre budget.

Chapitre 7 : Économiser grâce au Zéro Déchet au Travail

Dans ce chapitre, nous nous concentrerons sur la manière de mettre en pratique les principes du zéro déchet dans votre environnement de travail tout en réalisant des économies significatives. Vous découvrirez des stratégies pour réduire les déchets au bureau et des astuces pour économiser sur les repas et les fournitures.

Réduire les déchets au bureau

Réduire les déchets au bureau est essentiel pour un mode de vie zéro déchet. Voici quelques conseils pour vous aider à atteindre cet objectif :

1. **Utilisez des contenants réutilisables** : Apportez votre propre tasse à café, bouteille d'eau, couverts et boîte à lunch réutilisables pour éviter les déchets d'emballage à usage unique.
2. **Limitez l'impression** : Optez pour une utilisation minimale de l'imprimante en favorisant les documents numériques et en imprimant uniquement lorsque c'est nécessaire.

3. **Recyclez et compostez** : Assurez-vous que votre lieu de travail dispose de systèmes de recyclage et de compostage efficaces et utilisez-les correctement.
4. **Réduisez les fournitures jetables** : Privilégiez les fournitures de bureau réutilisables plutôt que les articles jetables comme les stylos à encre jetable ou les agrafeuses en plastique.

Économies sur les repas et les fournitures

En plus de réduire les déchets au bureau, vous pouvez réaliser des économies substantielles sur les repas et les fournitures. Voici comment :

1. **Apportez votre déjeuner** : Préparez vos repas à la maison et apportez-les au travail au lieu de dépenser de l'argent chaque jour pour le déjeuner.
2. **Participez à des repas partagés** : Si vos collègues sont partants, organisez des repas partagés au bureau où chacun apporte un plat, ce qui permet de diversifier les repas et de réduire les dépenses.
3. **Utilisez des fournitures en commun** : Établissez un système de partage de fournitures de bureau avec vos collègues pour éviter d'acheter en double des articles tels que les agrafeuses, les perforateurs, ou les relieuses.

4. **Achetez en gros** : Si votre entreprise le permet, envisagez d'acheter des fournitures en gros pour économiser sur les coûts à long terme.

Dans ce chapitre, nous avons exploré comment appliquer les principes du zéro déchet dans votre environnement de travail tout en réalisant des économies significatives. Vous avez découvert des stratégies pratiques pour réduire les déchets au bureau, que ce soit en utilisant des contenants réutilisables, en limitant l'impression inutile ou en favorisant le recyclage et le compostage. De plus, nous avons abordé des astuces pour économiser sur les repas et les fournitures au travail.

Chapitre 8 : Les Finances et le Zéro Déchet

Dans ce chapitre, nous explorerons comment le zéro déchet peut s'associer à une gestion financière efficace pour vous aider à économiser de l'argent au quotidien. Vous découvrirez comment le budgeting et le zéro déchet se complètent mutuellement, ainsi que des astuces pratiques pour réduire vos dépenses.

Budgeting et zéro déchet : une combinaison gagnante

La gestion budgétaire et le mode de vie zéro déchet se complètent de plusieurs manières :

1. **Analyse des dépenses** : En adoptant une approche zéro déchet, vous examinez attentivement vos habitudes de consommation. Cela vous permet d'identifier les dépenses superflues et d'ajuster votre budget en conséquence.
2. **Achats intentionnels** : Le zéro déchet vous encourage à effectuer des achats plus réfléchis et à n'acheter que ce dont vous avez réellement besoin. Cela peut vous aider à éviter les achats impulsifs et à économiser de l'argent.

3. **Réduction des déchets, réduction des coûts** : En réduisant la quantité de déchets que vous produisez, vous pouvez également réduire les dépenses liées à l'achat de produits jetables ou à usage unique.
4. **DIY et économies** : Le zéro déchet favorise la création maison (Do It Yourself - DIY) de produits tels que les produits de nettoyage, les produits de soins personnels, et même certains aliments. Cela peut se traduire par d'importantes économies à long terme.

Astuces pour économiser de l'argent au quotidien

Dans ce chapitre, nous partageons des astuces pratiques pour économiser de l'argent au quotidien tout en adoptant un mode de vie zéro déchet. Certaines de ces astuces comprennent :

1. **Planification des repas** : Planifiez vos repas à l'avance pour éviter les achats de dernière minute et réduire le gaspillage alimentaire.
2. **Achats en vrac** : Privilégiez les achats en vrac pour réduire les emballages et les coûts.
3. **Réparation et réutilisation** : Apprenez à réparer et à réutiliser les objets au lieu de les jeter et de les remplacer.
4. **Achats d'occasion** : Explorez les magasins d'occasion, les marchés aux puces et les

plateformes en ligne pour trouver des articles
de seconde main à des prix avantageux.

5. **Économies d'énergie** : Adoptez des habitudes
   économes en énergie pour réduire vos factures
   d'électricité et de chauffage.

Ce chapitre vous montre comment intégrer les
principes du zéro déchet dans votre gestion financière
quotidienne pour économiser de l'argent tout en
contribuant à la protection de l'environnement. Vous
constaterez que l'adoption du zéro déchet peut avoir
un impact positif sur vos finances personnelles.

Chapitre 9 : Zéro Déchet et Mode de Vie Minimaliste

Dans ce chapitre, nous explorerons le lien puissant entre le mode de vie zéro déchet et le minimalisme, et comment cette combinaison peut vous aider à économiser de l'argent tout en simplifiant votre existence. Vous découvrirez comment le minimalisme peut contribuer à réduire les dépenses et comment désencombrer votre vie peut avoir un impact positif sur votre budget.

Lien entre minimalisme et économies

Le minimalisme et le zéro déchet partagent des valeurs fondamentales telles que la simplicité, la réduction de la consommation et la focalisation sur l'essentiel. Ce lien étroit peut se traduire par des économies significatives de plusieurs façons :

1. **Achats réfléchis** : Le minimalisme vous pousse à réfléchir davantage à vos achats, à ne choisir que les biens essentiels, ce qui réduit naturellement vos dépenses.
2. **Moins de possessions** : Moins de biens signifie moins de choses à entretenir, réparer ou remplacer, ce qui économise du temps et de l'argent.

3. **Économies d'espace** : Moins de biens signifie également moins d'espace nécessaire, ce qui peut se traduire par des économies sur le logement et le stockage.
4. **Moins de gaspillage** : Le minimalisme vous incite à éviter le gaspillage en utilisant pleinement ce que vous possédez, ce qui peut réduire les dépenses inutiles.

Comment désencombrer pour économiser

Désencombrer votre vie est une étape clé du minimalisme. Voici comment cela peut vous aider à économiser de l'argent :

1. **Vente d'articles inutiles** : Vous pouvez vendre des objets dont vous n'avez plus besoin, ce qui peut générer un revenu supplémentaire.
2. **Économies sur l'entretien** : Moins d'objets signifie moins de nettoyage, d'entretien et de réparations, ce qui économise de l'argent à long terme.
3. **Éviter les achats impulsifs** : Le désencombrement vous aide à mieux comprendre ce qui est réellement nécessaire, réduisant ainsi les achats impulsifs.
4. **Moins d'emballage** : Avec moins de biens à acheter, vous réduirez également la quantité d'emballages et de déchets générés.

Ce chapitre vous montre comment le minimalisme et le zéro déchet sont intrinsèquement liés, et comment cette synergie peut améliorer votre qualité de vie tout en vous permettant de faire des économies. Vous constaterez que simplifier votre existence peut conduire à un mode de vie plus économique et plus respectueux de l'environnement.

Chapitre 10 : Le Jardinage Zéro Déchet

Dans ce chapitre, nous plongeons dans le monde du jardinage zéro déchet et découvrons comment cultiver votre propre nourriture vous permet d'économiser de l'argent tout en réduisant votre empreinte environnementale. Vous apprenez des astuces pour un jardinage écologique et comment tirer le meilleur parti de votre jardin.

Cultiver sa propre nourriture pour économiser

Le jardinage zéro déchet offre de nombreux avantages financiers, notamment :

1. **Réduction des coûts alimentaires** : Vous cultivez vos propres légumes, fruits et herbes, ce qui réduit vos dépenses alimentaires car vous n'avez pas à les acheter au supermarché.
2. **Moins de déchets d'emballage** : En récoltant directement de votre jardin, vous évitez les emballages inutiles, ce qui contribue à réduire les déchets.
3. **Autosuffisance** : Plus vous cultivez votre propre nourriture, moins vous dépendez des produits alimentaires coûteux et des fluctuations des prix.

4. **Aliments frais et de qualité** : Vous avez un contrôle total sur la qualité de vos produits, vous pouvez ainsi privilégier une culture biologique et éviter les pesticides.

Astuces pour un jardinage écologique

Le jardinage zéro déchet va de pair avec des pratiques respectueuses de l'environnement. Voici quelques astuces pour un jardinage écologique :

1. **Compostage** : Utilisez un composteur pour transformer les déchets organiques en un précieux amendement pour le sol.
2. **Arrosage économe en eau** : Utilisez des systèmes d'irrigation efficaces et collectez l'eau de pluie pour arroser votre jardin.
3. **Évitez les pesticides chimiques** : Optez pour des méthodes de lutte contre les ravageurs et les maladies qui n'impliquent pas l'utilisation de produits chimiques.
4. **Rotation des cultures** : Changez l'emplacement de vos cultures chaque année pour éviter l'épuisement du sol.
5. **Semences et plants locaux** : Utilisez des semences et des plants adaptés à votre région pour favoriser une croissance saine et réduire le besoin de produits chimiques.

Ce chapitre vous guide dans l'univers du jardinage zéro déchet, vous montrant comment cultiver votre propre nourriture peut être bénéfique pour vos finances et pour la planète. Vous apprenez également comment adopter des pratiques de jardinage écologique pour maximiser les avantages de votre jardin tout en minimisant votre impact environnemental.

Chapitre 11 : Le Zéro Déchet en Voyage

Dans ce chapitre, nous explorons le concept du zéro déchet en voyage et comment il est possible de voyager de manière durable et économique tout en réduisant notre impact sur l'environnement. Vous découvrez des stratégies pour réduire les déchets lorsque vous êtes en déplacement.

Voyager de manière durable et économique

Le zéro déchet peut s'appliquer à vos voyages, que ce soit pour des vacances ou des déplacements professionnels. Voici comment vous pouvez combiner un mode de voyage durable avec des économies :

1. **Transports éco-responsables** : Optez pour des moyens de transport plus durables, tels que le covoiturage, le vélo, les transports en commun ou même la marche, ce qui réduit les coûts de déplacement et l'empreinte carbone.
2. **Hébergement réfléchi** : Choisissez des hébergements respectueux de l'environnement, tels que des hôtels écologiques, des auberges de jeunesse ou des locations de vacances, qui peuvent être plus abordables que les options traditionnelles.

3. **Repas zéro déchet** : Évitez les restaurants fast-food et privilégiez les établissements locaux et durables, tout en apportant vos propres contenants réutilisables pour emporter.
4. **Réduction des déchets** : Soyez conscient de votre consommation de plastique et d'emballages pendant votre voyage, et adoptez des pratiques zéro déchet, comme utiliser une gourde réutilisable, des sacs en tissu pour les achats, et éviter les articles à usage unique.

Réduire les déchets en voyage

Réduire les déchets en voyage est une approche responsable qui bénéficie à la fois à l'environnement et à votre portefeuille. Voici quelques astuces pour y parvenir :

1. **Emballages réutilisables** : Utilisez des contenants réutilisables pour les produits de toilette, les collations, et les articles de voyage au lieu de produits jetables.
2. **Emportez vos propres provisions** : Apportez des collations et des boissons réutilisables pour éviter les emballages excessifs lors des déplacements.
3. **Recyclez et compostez** : Recherchez des endroits où vous pouvez recycler ou composter vos déchets pendant votre voyage, en

particulier dans les régions qui encouragent le zéro déchet.

4. **Réduisez la consommation d'eau et d'énergie** : Soyez conscient de votre consommation d'eau et d'énergie dans votre hébergement, en éteignant les lumières et en utilisant l'eau avec parcimonie.

Ce chapitre vous guide dans l'art du zéro déchet en voyage, en vous montrant comment vous pouvez voyager de manière durable tout en économisant de l'argent. Vous découvrez des astuces pratiques pour réduire les déchets lors de vos déplacements, ce qui contribue à préserver notre planète tout en améliorant votre expérience de voyage.

Chapitre 12 : Économiser avec le Zéro Déchet en Famille

Dans ce chapitre, nous explorons comment économiser en adoptant le zéro déchet en famille. Vous découvrirez comment impliquer tous les membres de la famille dans cette démarche et réduire les coûts liés à la consommation familiale.

Impliquer toute la famille dans le zéro déchet

Le zéro déchet en famille peut être un projet enrichissant qui favorise la responsabilité collective. Voici comment vous pouvez impliquer tous les membres de la famille :

1. **Éducation et sensibilisation** : Impliquez vos enfants en leur expliquant les enjeux du zéro déchet et les avantages pour l'environnement et les finances familiales.
2. **Participation active** : Encouragez chaque membre de la famille à contribuer en prenant des mesures concrètes pour réduire les déchets, comme le tri des déchets, la réduction de la consommation d'eau et d'électricité, et la réutilisation des objets.
3. **Planification des repas en famille** : Impliquez toute la famille dans la planification des repas,

la préparation des repas à partir d'ingrédients frais et la réduction du gaspillage alimentaire.
4. **Ateliers de bricolage et de réparation** : Organisez des ateliers où vous pouvez réparer, rénover ou créer des objets ensemble, ce qui peut être à la fois éducatif et économique.

Réduire les coûts liés à la consommation familiale

Le zéro déchet en famille peut également contribuer à réduire les coûts liés à la consommation familiale. Voici quelques moyens d'y parvenir :

1. **Achats en vrac** : Achetez des produits de base en vrac pour réduire les coûts d'emballage.
2. **Achats d'occasion** : Explorez les magasins d'occasion et les ventes de garage pour trouver des articles de seconde main à des prix abordables.
3. **Repas maison** : Préparez des repas à la maison au lieu de manger au restaurant, ce qui est souvent plus économique.
4. **Réduction des produits jetables** : Remplacez progressivement les produits jetables par des alternatives réutilisables, ce qui peut entraîner des économies à long terme.

Ce chapitre vous montre comment le zéro déchet en famille peut être à la fois un projet éducatif et un moyen de réduire les coûts liés à la consommation. En impliquant tous les membres de la famille, vous créez une dynamique positive qui peut avoir un impact significatif sur vos finances tout en contribuant à la préservation de l'environnement.

Chapitre 13 : Le Zéro Déchet et les Événements Spéciaux

Dans ce chapitre, nous explorons comment vous pouvez célébrer les événements spéciaux de manière zéro déchet et réaliser des économies en même temps.

Célébrer sans créer de déchets

Les événements spéciaux, qu'il s'agisse d'anniversaires, de mariages, de fêtes de fin d'année ou d'autres occasions, peuvent souvent générer une quantité importante de déchets. Cependant, il est possible de les célébrer sans créer de déchets excessifs en utilisant des pratiques zéro déchet, telles que :

1. **Décorations durables** : Optez pour des décorations réutilisables, telles que des guirlandes en tissu, des bougies rechargeables et des décorations de table en matériaux durables.
2. **Cadeaux réfléchis** : Encouragez des cadeaux réfléchis, tels que des expériences, des dons à des œuvres de bienfaisance ou des objets durables, plutôt que des produits jetables.

3. **Vaisselle réutilisable** : Utilisez de la vaisselle réutilisable au lieu de la vaisselle jetable, ce qui réduit les déchets et les coûts.
4. **Gestion des restes** : Planifiez des repas de fête en utilisant des ingrédients réutilisables et gérez les restes de manière à les réutiliser dans d'autres plats.

Économiser sur les événements spéciaux

En adoptant des pratiques zéro déchet pour les événements spéciaux, vous pouvez également réaliser des économies. Voici comment économiser tout en célébrant :

1. **Moins de gaspillage** : Réduisez les dépenses liées aux articles à usage unique, aux décorations jetables et aux emballages coûteux.
2. **Repas maison** : Préparez des repas et des desserts maison au lieu d'acheter des produits pré-emballés ou de commander des plats traiteurs.
3. **Cadeaux éco-responsables** : Encouragez des cadeaux éco-responsables et réfléchis qui peuvent être plus abordables que des objets coûteux.
4. **Partage des coûts** : Si vous organisez un événement avec d'autres personnes,

envisagez de partager les coûts pour réduire la charge financière.

Ce chapitre vous montre comment vous pouvez célébrer les événements spéciaux de manière zéro déchet tout en réalisant des économies. En adoptant des pratiques durables, vous contribuez à réduire votre impact sur l'environnement et à gérer vos finances de manière responsable.

Chapitre 14 : Le Zéro Déchet et l'Économie Circulaire

Dans ce chapitre, nous explorons comment vous pouvez participer à l'économie circulaire grâce au zéro déchet et réaliser des économies en utilisant la réutilisation et le partage de ressources.

Comment participer à l'économie circulaire

L'économie circulaire consiste à réduire, réutiliser et recycler les ressources pour minimiser le gaspillage. Voici comment vous pouvez participer à cette démarche :

1. **Réparation et rénovation** : Au lieu de jeter des objets défectueux, apprenez à les réparer ou à les rénover, ce qui prolonge leur durée de vie et évite d'acheter de nouveaux produits.
2. **Achats d'occasion** : Optez pour des articles d'occasion plutôt que neufs, que ce soit des vêtements, des meubles ou des appareils électroniques, ce qui permet de donner une seconde vie à ces objets.
3. **Partage de ressources** : Participez à des initiatives de partage, telles que le covoiturage, la location d'outils ou d'équipements, ce qui réduit la nécessité d'acheter des biens coûteux.

4. **Recyclage approprié** : Pratiquez le recyclage correct en triant vos déchets et en les envoyant aux centres de recyclage appropriés.

Économies grâce à la réutilisation et au partage

Participer à l'économie circulaire grâce à la réutilisation et au partage peut également vous aider à économiser de l'argent de plusieurs façons :

1. **Moins d'achats neufs** : En réutilisant des objets et en partageant des ressources, vous réduisez la nécessité d'acheter de nouveaux produits, ce qui économise de l'argent.
2. **Réduction des déchets** : Moins de biens jetés signifie moins de déchets, ce qui peut se traduire par des économies sur les frais de gestion des déchets.
3. **Consommation responsable** : Vous devenez plus conscient de vos achats et de votre consommation, ce qui vous encourage à dépenser de manière plus réfléchie.
4. **Entretien et réparation** : En apprenant à entretenir et à réparer vos biens, vous évitez les coûts de remplacement.

Ce chapitre vous montre comment le zéro déchet peut s'intégrer dans l'économie circulaire et comment cela peut vous permettre de réaliser des économies tout en contribuant à la préservation des ressources de la planète. En adoptant des pratiques de réutilisation et de partage, vous devenez un acteur essentiel de la transition vers une économie plus durable.

Conclusion

Dans ce voyage vers le zéro déchet et l'économie responsable, nous avons exploré de nombreuses façons de réduire les déchets tout en économisant de l'argent. À travers ces 14 chapitres, nous avons découvert que le zéro déchet ne se limite pas à une démarche écologique, mais qu'il offre également des avantages financiers tangibles.

En réduisant les déchets alimentaires, en adoptant des alternatives zéro déchet dans la salle de bains, en pratiquant un jardinage écologique, en voyageant de manière responsable, en impliquant toute la famille et en célébrant les événements spéciaux sans créer de déchets, vous avez appris comment chaque aspect de la vie quotidienne peut être transformé pour devenir plus respectueux de l'environnement et plus économique.

Nous avons également exploré des concepts tels que l'économie circulaire, la réparation et le partage de ressources, qui vous permettent de participer activement à la réduction du gaspillage et à la préservation des ressources de la planète.

Le zéro déchet est bien plus qu'une simple tendance ; c'est un mode de vie durable qui a un impact significatif sur notre environnement et sur nos finances. En adoptant ces pratiques, vous contribuez à préserver la planète pour les générations futures tout en améliorant votre qualité de vie et en réalisant des économies substantielles.

Nous espérons que ce livre vous a inspiré et vous a fourni les connaissances nécessaires pour embrasser le zéro déchet de manière proactive. Le pouvoir de changer réside entre vos mains, et chaque petit geste compte pour créer un monde plus propre, plus vert et plus économique. Alors, lancez-vous dans votre parcours vers le zéro déchet et faites une différence, une action à la fois.

Annexe : Recettes pour des Produits du Quotidien Économiques et Écologiques

Dans cette annexe, vous trouverez des recettes simples et efficaces pour créer vous-même certains produits du quotidien, ce qui vous permettra d'économiser de l'argent tout en adoptant un mode de vie zéro déchet. Ces recettes sont faciles à suivre et utilisent des ingrédients naturels et non toxiques que vous pouvez trouver facilement.

Lessive Maison

Ingrédients :

- 100g de savon de Marseille râpé
- 2 cuillères à soupe de bicarbonate de soude
- 2 cuillères à soupe de cristaux de soude
- 10 à 15 gouttes d'huiles essentielles (parfum au choix, optionnel)

Instructions :

1. Faites chauffer 2 litres d'eau dans une grande casserole. Ajoutez le savon de Marseille râpé et remuez jusqu'à ce qu'il soit complètement fondu.

2. Retirez du feu et ajoutez le bicarbonate de soude et les cristaux de soude. Mélangez bien jusqu'à ce que tous les ingrédients soient dissous.
3. Si vous le souhaitez, ajoutez quelques gouttes d'huiles essentielles pour parfumer la lessive.
4. Laissez refroidir le mélange, puis transférez-le dans une bouteille ou un bidon.
5. Utilisez environ 1/4 de tasse de cette lessive pour chaque brassée de linge.

Dentifrice Naturel

Ingrédients :

- 4 cuillères à soupe de bicarbonate de soude
- 2 cuillères à soupe d'huile de noix de coco
- 10 à 15 gouttes d'huile essentielle de menthe poivrée

Instructions :

1. Dans un bol, mélangez le bicarbonate de soude et l'huile de noix de coco jusqu'à obtenir une pâte lisse.
2. Ajoutez les gouttes d'huile essentielle de menthe poivrée et mélangez à nouveau pour parfumer le dentifrice.
3. Transférez le dentifrice dans un petit pot hermétique.

4. Utilisez une petite quantité de cette pâte comme dentifrice chaque fois que vous vous brossez les dents.

Nettoyant Multi-usages

Ingrédients :

- 1/2 tasse de vinaigre blanc
- 1/4 de tasse d'eau
- 10 à 15 gouttes d'huiles essentielles (parfum au choix, optionnel)

Instructions :

1. Mélangez le vinaigre blanc et l'eau dans un flacon pulvérisateur.
2. Si vous le souhaitez, ajoutez quelques gouttes d'huiles essentielles pour parfumer le nettoyant.
3. Agitez bien le flacon avant chaque utilisation.
4. Utilisez ce nettoyant multi-usages pour nettoyer les surfaces de votre maison.

Déodorant Naturel

Ingrédients :

- 3 cuillères à soupe d'huile de noix de coco
- 2 cuillères à soupe de bicarbonate de soude

- 2 cuillères à soupe de fécule de maïs (ou de fécule de pomme de terre)
- 10 à 15 gouttes d'huiles essentielles (parfum au choix, optionnel)

Instructions :

1. Dans un bol, mélangez l'huile de noix de coco, le bicarbonate de soude et la fécule de maïs jusqu'à obtenir une pâte homogène.
2. Ajoutez les gouttes d'huiles essentielles pour parfumer le déodorant, si vous le souhaitez.
3. Transférez le déodorant dans un petit pot hermétique.
4. Appliquez une petite quantité de ce déodorant naturel sous vos aisselles chaque matin.

Shampoing Maison

Ingrédients :

- 1/4 de tasse de savon de Castille liquide (parfum au choix)
- 1/4 de tasse d'eau
- 10 à 15 gouttes d'huiles essentielles (parfum au choix, optionnel)

Instructions :

1. Mélangez le savon de Castille liquide et l'eau dans un flacon.

2. Si vous le souhaitez, ajoutez quelques gouttes d'huiles essentielles pour parfumer le shampoing.
3. Agitez bien le flacon avant chaque utilisation.
4. Utilisez ce shampoing maison comme vous le feriez avec un shampoing traditionnel.

Baume à Lèvres Naturel

Ingrédients :

- 1 cuillère à soupe de cire d'abeille
- 1 cuillère à soupe d'huile de coco
- 10 gouttes d'huile essentielle de vanille (ou parfum au choix, optionnel)

Instructions :

1. Faites fondre la cire d'abeille et l'huile de coco au bain-marie jusqu'à ce qu'elles soient bien combinées.
2. Retirez du feu et ajoutez les gouttes d'huile essentielle pour parfumer le baume.
3. Versez le mélange dans de petits pots ou tubes pour baume à lèvres.
4. Laissez refroidir jusqu'à ce que le baume soit durci.

Produit pour Nettoyer les Vitres

Ingrédients :

- 1/4 de tasse de vinaigre blanc
- 1/4 de tasse d'eau
- 1 cuillère à soupe de jus de citron

Instructions :

1. Mélangez le vinaigre blanc, l'eau et le jus de citron dans un flacon pulvérisateur.
2. Agitez bien le flacon pour mélanger les ingrédients.
3. Vaporisez le produit sur les vitres et essuyez avec un chiffon propre pour des vitres étincelantes.

Baume pour le Corps Hydratant

Ingrédients :

- 1/2 tasse d'huile de noix de coco
- 1/4 de tasse de beurre de karité
- 10 gouttes d'huile essentielle de lavande (ou parfum au choix, optionnel)

Instructions :

1. Faites fondre l'huile de noix de coco et le beurre de karité au bain-marie jusqu'à ce qu'ils soient liquides.
2. Retirez du feu et ajoutez les gouttes d'huile essentielle pour parfumer le baume.

3. Laissez le mélange refroidir légèrement, puis fouettez-le jusqu'à ce qu'il soit crémeux.
4. Transférez le baume dans un pot hermétique et laissez-le durcir à température ambiante.

Ces recettes simples et économiques vous permettront de fabriquer vos propres produits du quotidien, réduisant ainsi vos dépenses et votre empreinte environnementale tout en prenant soin de votre corps et de votre maison.